Terjemahan Dan Makna Surat 108 Al-Kautsar (Nikmat Yang Berlimpah) The River of Paradise Versi Bilingual

by

Jannah Firdaus Mediapro

2019

Prolog

Surah Al-Kausar atau Al-Kawthar adalah surah ke-108 dalam Al-Qur'an. Surah ini tergolong surah Makkiyah dan terdiri dari 3 ayat yang menjadi surah terpendek dalam Al-Qur'an. Kata Al-Kausar sendiri berarti nikmat yang banyak dan diambil dari ayat pertama dari surah ini artinya karunia Allah SWT berupa telaga Al Kautsar bagi orang-orang penghuni surga.

Pokok isi surah ini adalah perintah melaksanakan salat dan berkorban karena Allah memberikan banyak kenikmatan untuk untuk mereka yang beriman sedangkan para orang kafir pembenci Nabi SAW yang mengatakan keturunan Nabi terputus karena semua putranya wafat maka sesungguhnya merekalah yang terputus. Dalam Surah Al-Kawthar, Allah memerintahkan agar memperhambakan diri kepada Allah, sedang dalam surah selepasnya Surah Al-Kafirun perintah tersebut diulang lagi.

Dari Anas, dia berkata: Pada suatu hari ketika Rasulullah berada di tengah kami, Beliau mengantuk sekejap. Kemudian Beliau mengangkat kepalanya dengan senyum. Maka kami bertanya: "Apa yang membuatmu tertawa, wahai Rasulullah?" Rasulullah menjawab,"Baru saja turun kepadaku sebuah surat," maka Beliau membaca surat Al Kautsar. Kemudian Rasulullah bersabda,"Apakah kalian tahu apakah Al Kautsar itu?" Maka kami berkata,"Allah dan RasulNya lebih mengetahui." Rasulullah bersabda,"Al Kautsar adalah sungai yang dijanjikan

Rabbku Azza wa Jalla untukku. Disana terdapat kebaikan yang banyak. Ia adalah telaga yang akan didatangi umatku pada hari Kiamat. Jumlah bejananya sebanyak bintang-bintang" (Hadist Sahih Bukhari & Muslim

Surah Al-Kawthar or Al-Kautsar ("Abundance or The River of Paradise) is the 108th and shortest chapter (surah) of the Quran. There are several differing opinions as to the circumstances under which it was supposedly revealed. According to Ibn Ishaq, it was revealed in Makka, some time before the Isra and Mi'raj.

Imam Ahmad recorded from Anas bin Malik that a man said, "O Messenger of Allah! What is Al-Kawthar He replied: (It is a river in Paradise which my Lord has given me, It is whiter than milk and sweeter than honey. There are birds in it whose necks are (long) like carrots.)

`Umar said, "O Messenger of Allah! Verily, they (the birds) will be beautiful. The Prophet replied, The one who eats them (the people of Paradise) will be more beautiful than them, O `Umar. (Sahih Hadith)

Terjemahan Surat 108 Al-Kausar (Nikmat Yang Berlimpah)

Versi Bahasa Indonesia

Dengan Nama Allah Yang Maha Pengasih Dan Maha Penyayang

1) *innā a'ṭainākal-kauṡar*
   Sungguh, Kami telah memberimu (Muhammad) nikmat yang banyak.

2) *fa ṣalli lirabbika wan-ḥar*
   Maka laksanakanlah salat karena Tuhanmu, dan berkurbanlah (sebagai ibadah dan mendekatkan diri kepada Allah).

3) *inna syāni`aka huwal-abtar*
   Sungguh, orang-orang yang membencimu dialah yang terputus (dari rahmat Allah).

Tafsir Surat 108 Al-Kausar (Nikmat Yang Berlimpah)

Versi Bahasa Indonesia

A. *Tafsir Surat Al-Kautsar (108) Ayat 1*

Sesungguhnya Kami telah memberikan kepadamu nikmat yang banyak. (QS. 108:1)

Imam Ahmad mengatakan, telah menceritakan kepada kami Muhammad ibnu Fudail, dari Al-Mukhtar ibnu Fulful, dari Anas ibnu Malik yang mengatakan bahwa Rasulullah ﷺ menundukkan kepalanya sejenak, lalu beliau mengangkat kepalanya seraya tersenyum.

Beliau bersabda kepada mereka, atau mereka bertanya kepada beliau ﷺ, "Mengapa engkau tersenyum?"

Maka Rasulullah ﷺ menjawab, "Sesungguhnya barusan telah diturunkan kepadaku suatu surat." Lalu beliau membaca firman-Nya: Dengan nama Allah Yang Maha Pemurah lagi Maha Penyayang.

Sesungguhnya Kami telah memberikan kepadamu Al-Kautsar.

(Q.S. Al-Kausar [108]: 1), hingga akhir surat.

Lalu Rasulullah ﷺ bersabda, "Tahukan kalian, apakah Al-Kautsar itu?"

Mereka menjawab, "Allah dan Rasul-Nya lebih mengetahui." Rasulullah bersabda:

Al-Kautsar adalah sebuah sungai (telaga) yang diberikan kepadaku oleh Tuhanku di dalam surga, padanya terdapat kebaikan yang banyak, umatku kelak akan mendatanginya di hari kiamat; jumlah wadah-wadah (bejana-bejana)nya sama dengan bilangan bintang-bintang.

Diusir darinya seseorang hamba, maka aku berkata, "Ya Tuhanku, sesungguhnya dia dari umatku." Maka dikatakan, "Sesungguhnya kamu tidak mengetahui apa yang telah dibuat-buatnya sesudahmu."

Hal yang sama telah diriwayatkan oleh Imam Ahmad dengan sanad Sulasi ini dan juga konteks yang sama dari Muhammad ibnu Fudail, dari Al-Mukhtar ibnu Fulfill, dari Anas ibnu Malik. Telah disebutkan sehubungan dengan gambaran tentang telaga ini di hari kiamat, bahwa tercurahkan kepadanya air dari langit melalui dua talang, dan bahwa bejana-bejananya bilangannya sama dengan bintang-bintang di langit.

Imam Muslim, Imam Abu Daud, dan Imam Nasai telah meriwayatkannya melalui jalur Ali ibnu Mis-har dan Muhammad ibnu Fudail; keduanya dari Al-Mukhtar ibnu Fulfill, dari Anas.

Menurut lafaz Imam Muslim, disebutkan bahwa ketika Rasulullah ﷺ berada di hadapan kami di masjid, tiba-tiba beliau menundukkan kepalanya sejenak, kemudian mengangkat kepalanya seraya tersenyum.

Maka kami bertanya, "Wahai Rasulullah, apakah yang menyebabkan engkau tertawa?"

Rasulullah ﷺ menjawab: Sesungguhnya telah diturunkan kepadaku barusan suatu surat.

Maka beliau ﷺ membaca firman-Nya: Dengan nama Allah Yang Maha Pemurah lagi Maha Penyayang.

Sesungguhnya Kami telah memberikan kepadamu nikmat yang banyak.

Maka dirikanlah salat karena Tuhanmu dan berkorbanlah.

Sesungguhnya orang-orang yang membenci kamu, dialah yang terputus.

(Q.S. Al-Kausar [108]: 1-3) Kemudian beliau ﷺ bersabda: "Tahukah kamu, apakah Al-Kautsar itu?" Kami menjawab, "Allah dan Rasul-Nya lebih mengetahui." Rasulullah ﷺ bersabda,

"Sesungguhnya Al-Kautsar adalah sebuah sungai (telaga) yang telah dijanjikan oleh Tuhanku untukku, padanya terdapat kebaikan yang banyak.

Al-Kautsar merupakan telaga yang akan didatangi oleh umatku kelak di hari kiamat, jumlah bejananya sama dengan bilangan bintang-bintang di langit, maka diusirlah darinya seorang hamba dari mereka, lalu aku berkata, "Ya Tuhanku, sesungguhnya dia dari kalangan umatku." Maka Dia berfirman,

"Sesungguhnya kamu tidak mengetahui apa yang telah dibuat-buatnya sesudahmu.

sebagian besar ulama ahli qiraat mengatakan berdasarkan dalil ayat ini, bahwa surat ini adalah surat Madaniyah.

Dan kebanyakan ulama fiqih mengatakan bahwa Basmalahnya merupakan bagian dari surat dan diturunkan bersama-sama dengan surat ini.

Adapun mengenai firman-Nya:

Sesungguhnya Kami telah memberikan kepadamu Al-Kautsar.

(Q.S. Al-Kausar [108]: 1)

Dalam hadis yang lalu telah disebutkan bahwa Al-Kautsar adalah nama sebuah sungai di dalam surga.

Imam Ahmad telah meriwayatkan melalui jalur lain dari Anas; untuk itu ia mengatakan bahwa telah menceritakan kepada kami Affan, telah menceritakan kepada kami Hammad, telah menceritakan kepada kami Sabit, dari Anas, bahwa ia membaca firman-Nya: Sesungguhnya Kami telah memberikan kepadamu Al-Kautsar.

(Q.S. Al-Kausar [108]: 1) Lalu ia mengatakan bahwa Rasulullah ﷺ pernah bersabda:

Aku diberi Al-Kautsar, dan ternyata ia adalah sebuah sungai yang mengalir, tetapi tidak dibedahkan sebagai mana sungai.

Dan ternyata kedua tepinya adalah kubah-kubah dari mutiara; lalu aku menyentuhkan tanganku ke tanahnya, dan ternyata ia seharum minyak kesturi yang sangat harum baunya, dan ternyata batu-batu kerikilnya dari mutiara.

Imam Ahmad mengatakan.

telah menceritakan kepada kami Muhammad ibnu Abu Adiy, dari Humaid, dari Anas yang mengatakan bahwa Rasulullah ﷺ pernah bersabda:

Aku masuk ke dalam surga, dan tiba-tiba aku melihat sebuah sungai yang kedua tepinya dipenuhi oleh kemah-kemah dari mutiara, lalu aku sentuhkan tanganku ke tanah yang dialiri airnya, tiba-tiba ia adalah minyak kesturi yang sangat harum baunya.

Aku bertanya, "Hai Jibril, apakah ini?" Jibril menjawab, "Ini adalah Al-Kautsar yang diberikan oleh Allah subhanahu wa ta'ala kepadamu."

Imam Bukhari di dalam kitab sahihnya dan Imam Muslim telah meriwayatkan melalui hadis Syaiban ibnu Abdur Rahman, dari Qatadah, dari Anas ibnu Malik yang mengatakan bahwa setelah Nabi ﷺ dibawa naik ke langit, beliau menceritakan:

Aku datang ke sebuah sungai yang kedua tepinya dipenuhi oleh kemah-kemah dari mutiara yang dilubangi, lalu aku bertanya, "Apakah ini, hai Jibril?" Jibril berkata, "Ini adalah Sungai Al-Kautsar."

Demikianlah menurut lafaz Imam Bukhari rahimahullah.

Ibnu Jarir mengatakan bahwa telah menceritakan kepada kami Ar-Rabi', telah menceritakan kepada kami Ibnu Wahb, dari Sulaiman ibnu Bilal, dari Syarik ibnu Abu Namir; ia pernah mendengar Anas menceritakan hadis berikut kepadanya (dan teman-temannya), bahwa ketika Rasulullah ﷺ melakukan Isra, Jibril membawanya naik ke langit terdekat, tiba-tiba Nabi ﷺ melihat sebuah sungai yang padanya terdapat sebuah gedung dari mutiara dan zabarjad.

Lalu Nabi ﷺ mencium bau tanahnya, dan ternyata baunya harum seperti minyak kesturi, lalu beliau ﷺ bertanya, "Hai Jibril, sungai apakah ini?"

Jibril menjawab, "Ini adalah Sungai Al-Kautsar yang disediakan oleh Tuhanmu untukmu."

Hadis mengenai Isra ini telah disebutkan di dalam tafsir surat Al-Isra melalui jalur Syarik, dari Anas, dari Nabi ﷺ'yang hadisnya diketengahkan di dalam kitab Sahihain.

Sa'id telah meriwayatkan dari Qatadah, dari Anas, bahwa Rasulullah ﷺ pernah bersabda:

Ketika aku sedang berjalan di dalam sungai, tiba-tiba terbentang di hadapanku sebuah sungai yang kedua tepinya penuh dengan kemah-kemah mutiara yang berlubang.

Maka berkatalah malaikat yang menemaninya, "Tahukah kamu apakah sungai ini?

Inilah Al-Kautsar yang akan diberikan Allah kepadamu." Lalu Nabi ﷺ memasukkan tangannya ke tanah dan mengeluarkan dari tanahnya minyak kesturi (yang harum baunya).

Hal yang sama telah diriwayatkan oleh Sulaiman ibnu Tarkhan dan Ma'mar serta Hammam dan lain-lainnya dari Qatadah dengan sanad yang sama.

Ibnu Jarir mengatakan, telah menceritakan kepada kami Ahmad ibnu Abu Syuraih, telah menceritakan kepada kami Abu Ayyub Al-Abbas, telah menceritakan kepada kami Ibrahim ibnu Sa'd, telah menceritakan kepadaku Muhammad ibnu Abdul Wahhab (keponakan Ibnu Syihab), dari ayahnya, dari Anas yang menceritakan bahwa Rasulullah ﷺ pernah ditanya mengenai makna Al-Kautsar, maka beliau ﷺ menjawab: Al-Kautsar adalah sebuah sungai yang diberikan Allah kepadaku di dalam surga, tanahnya adalah minyak kesturi (airnya) lebih putih daripada air susu dan rasanya lebih manis daripada madu; sungai itu didatangi oleh burung-burung yang lehernya seperti leher unta.

Abu Bakar berkata, "Wahai Rasulullah, sesungguhnya burung itu benar-benar lezat dagingnya." Rasulullah ﷺ menjawab: Aku akan memakan dagingnya dan merasakan kelezatan (kenikmatan)nya.

Imam Ahmad mengatakan, telah menceritakan kepada kami Abu Salamah Al-Khuza'i, telah menceritakan kepada kami Al-Lais, dari Yazid ibnul Had, dari Abdul Wahhab, dari Abdullah ibnu Muslim ibnu Syihab, dari Anas, bahwa seorang lelaki pernah bertanya, "Wahai Rasulullah, apakah Al-Kautsar itu?"

Rasulullah ﷺ bersabda: "Al-Kautsar adalah sebuah sungai di dalam surga yang diberikan oleh Tuhanku untukku.

Airnya lebih putih daripada air susu dan rasanya lebih manis daripada madu, padanya terdapat burimg-burung yang lehernya seperli leher unta." Umar bertanya, "Wahai Rasulullah, sudah tentu dagingnya amat lezat." Rasulullah ﷺ bersabda, "Aku akan memakannya dan merasakan kelezatannya, hai Umar."

Ibnu Jarir meriwayatkannya melalui hadis Az-Zuhri dari saudaranya (yaitu Abdullah), dari Anas, bahwa ia pernah bertanya kepada Rasulullah ﷺ tentang Al-Kautsar, maka disebutkan hal yang semisal dengan hadis di atas.

Imam Bukhari mengatakan, telah menceritakan kepada kami Khalid ibnu Yazid Al-Kahili, telah menceritakan kepada kami Israil, dari Abu Ishaq, dari Abu Ubaidah, dari Aisyah r.a. Bahwa ia pernah bertanya kepada Aisyah tentang makna firman-Nya:

Sesungguhnya Kami telah memberikan kepadamu Al-Kautsar. (Q.S. Al-Kausar [108]: 1)

Maka Siti Aisyah r.a. menjawab, "'Al-Kautsar adalah sebuah sungai yang diberikan kepada Nabi kalian, kedua tepinya berupa mutiara yang berlubang, jumlah bejana-bejananya sama dengan bilangan bintang-bintang di langit." Kemudian Imam Bukhari mengatakan bahwa Zakaria, Abul Ahwas dan Mutarrif telah meriwayatkannya dari Abu Ishaq; Imam Ahmad dan Imam Nasai meriwayatkannya melalui jalur Mutarrif dengan sanad yang sama.

Ibnu Jarir mengatakan.

telah menceritakan kepada kami Abu Kuraib, telah menceritakan kepada kami Wakr, dari Sufyan dan Israil, dari Abu Ishaq, dari Abu Ubaidah, dari Aisyah yang mengatakan bahwa.

Al-Kautsar adalah nama sebuah sungai di dalam surga yang kedua tepinya mutiara yang berlubang.

Israil mengatakan bahwa Al-Kautsar adalah sebuah sungai di dalam surga yang padanya terdapat bejana-bejana yang bilangannya sama dengan bintang-bintang di langit.

Ibnu Jarir mengatakan, telah menceritakan kepada kami Ibnu Humaid, telah menceritakan kepada kami Ya'qub Al-Qummi, dari Hafs ibnu Humaid, dari Syamir ibnu Atiyyah, dari Syaqiq atau Masruq yang mengatakan bahwaaku bertanya kepada Siti Aisyah, "Wahai Ummul Mu'minin, ceritakanlah kepadaku tentang Al-Kautsar?

Aisyah menjawab, "Sebuah sungai di lembah surga." Aku bertanya, "Apakah yang dimaksud dengan lembah surga?"

Aisyah menjawab, "Terletak dibagian tengahnya, kedua tepinya penuh dengan gedung-gedung dari mutiara dan yaqut, dan tanahnya seharum minyak kesturi, sedangkan batu kerikilnya dari mutiara dan yaqut.

Ibnu Jarir mengatakan bahwa telah menceritakan kepada kami Abu Kuraib, telah menceritakan kepada kami Waki', dari Abu Ja'far Ar-Razi, dari Ibnu Abu Najih, dari Aisyah r.a.

yang mengatakan, "Barang siapa yang ingin mendengarkan gemerciknya air Telaga Kautsar, hendaklah ia menutupkan kedua jari telunjuknya ke kedua lubang telinganya.

Riwayat ini terdapat mata rantai yang putus antara Ibnu Abu Najih dan Siti Aisyah r.a.

Dan menurut sebagian riwayat dari seorang lelaki, dari Aisyah, disebutkan bahwa makna yang dimaksud ialah suarayang semisal dengan itu, bukan berarti suaranya persis, seperti itu; hanya Allah-lah Yang Maha Mengetahui.

As-Suhaili mengatakan bahwa Imam Daruqutni telah meriwayatkannya secara marfu' melalui jalur Malik ibnu Magul, dari Asy-Sya'bi, dari Masruq, dari Aisyah, dari Nabi ﷺ

Kemudian Imam Bukhari mengatakan, telah menceritakan kepada kami Ya'qub ibnu Ibrahim, telah menceritakan kepada kami Hasyim.

telah menceritakan kepada kami Abu Bisyr, dari Sa'id ibnu Jubair, dari Ibnu Abbas r.a.

yang mengatakan sehubungan dengan Al-Kautsar, bahwa Al-Kautsar adalah kebaikan yang banyak yang diberikan oleh Allah kepada Nabi ﷺ

Abu Bisyr mengatakan bahwa ia pernah berkata kepada Sa'id ibnu Jubair, bahwa sesungguhnya orang-orang mengira Al-Kautsar adalah sebuah sungai di dalam surga.

Maka Sa'id menjawab.

bahwa sungai di dalam surga termasuk kebaikan yang diberikan oleh Allah subhanahu wa ta'ala kepada Nabi ﷺ

Abu Bisyr telah meriwayatkannya pula melalui hadis Hasyim, dari Abu Bisyr dan Ata ibnus Sa'ib, dari Sa'id ibnu Jubair, dari Ibnu Abbas r.a.

yang mengatakan bahwa Al-Kautsar adalah kebaikan yang banyak.

As-Sauri telah meriwayatkan dari Ata ibnus Sa'ib, dari Sa'id ibnu Jubair, dari Ibnu Abbas yang mengatakan bahwa Al-Kautsar artinya kebaikan yang banyak.

Dan tafsir ini bersifat lebih umum mencakup sungai dan nikmat lainnya.

Mengingat lafaz Al-Kautsar berasal dari Al-Ka'srah yang artinya kebaikan yang banyak, dan di antaranya ialah sungai tersebut di dalam surga.

Pendapat ini dikatakan oleh Ibnu Abbas, Ikrimah, Sa'id ibnu Jubair, Mujahid, Muharib ibnu Disar, dan

Al-Hasan ibnu Abul Hasan Al-Basri, sehingga Mujahid mengatakan bahwa Al-Kautsar adalah kebaikan yang banyak di dunia dan akhirat.

Ikrimah mengatakan bahwa: Al-Kautsar adalah kenabian, Al-Qur'an, dan pahala di akhirat.

Tetapi telah terbuktikan kesahihan sebuah riwayat yang bersumber dari Ibnu Abbas menyebutkan bahwa dia menakwilkannya pula dengan makna sebuah sungai di dalam surga.

Ibnu Jarir mengatakan, telah menceritakan kepada kami Abu Kuraib, telah menceritakan kepada kami Umar ibnu Ubaid, dari Ata, dari Sa'id ibnu Jubair, dari Ibnu Abbas yang mengatakan bahwa Al-Kautsar adalah sebuah sungai di dalam surga yang kedua tepinya dari emas dan perak, mengalir di atas yaqut dan mutiara, airnya lebih putih daripada salju, dan rasanya lebih manis daripada madu.

Al-Aufi telah meriwayatkan hal yang semisal dari Ibnu Abbas.

Ibnu Jarir mengatakan, telah menceritakan kepadaku Ya'qub, telah menceritakan kepada kami Hasyim, telah menceritakan kepada kami Ata ibnus Sa'ib dari Muharib ibnu Disar, dari Ibnu Umar, dia mengatakan bahwa Al-Kautsar adalah sebuah sungai di dalam surga yang kedua tepinya dari emas dan perak, mengalir di atas mutiara dan yaqut, airnya lebih putih daripada susu, dan rasanya lebih manis daripada madu.

Hal yang semisal telah diriwayatkan pula oleh Imam Turmuzi dari ibnu Humaid, dari Jarir, dari Ata ibnu Sa'ib dengan sanad dan lafaz yang semisal secara mauqufhanya sampai pada Ibnu Abbas.

Tetapi telah diriwayatkan pula hal yang semisal secara marfu', Imam Ahmad mengatakan bahwa telah menceritakan kepada kami Ali ibnu Hafs, telah menceritakan kepada kami Warqa yang mengatakan bahwa Ata telah meriwayatkan dari Muharib ibnu Disar, dari Ibnu Umar yang mengatakan bahwa Rasulullah ﷺ pernah bersabda:

Al-Kautsar adalah sebuah sungai di dalam surga yang kedua tepinya dari emas, airnya mengalir di atas mutiara, dan warnanya lebih putih daripada susu dan rasanya lebih manis daripada madu.

Hal yang semisal telah diriwayatkan oleh Imam Turmuzi, Ibnu Majah, Ibnu Abu Hatim, dan Ibnu Jarir melalui jalur Muhammad ibnu Fudail, dari Ata ibnus Sa'ib secara inarfu', Imam Turmuzi mengatakan bahwa hadis ini hasan sahih.

Ibnu Jarir mengatakan, telah menceritakan kepadaku Ya'qub, telah menceritakan kepada kami Ibnu Aliyyah, telah menceritakan kepada kami Ata ibnus Sa'ib yang mengatakan bahwa Muharib ibnu Disar telah menceritakan kepadanya apa yang telah dikatakan oleh Sa'id ibnu Jubair tentang Al-Kautsar.

Muharib ibnu Disar mengatakan bahwa Sa'id ibnu Jubair telah menceritakan kepada kami dari Ibnu

Abbas yang mengatakan bahwa Al-Kautsar adalah kebaikan yang banyak.

Lalu Sa'id ibnu Jubair mengatakan bahwa benar, sesungguhnya Al-Kautsar adalah kebaikan yang banyak.

Akan.tetapi, telah menceritakan kepada kami Ibnu Umar, bahwa seketika diturunkan firman-Nya: Sesungguhnya Kami telah rnemberikan kepadamu Al-Kautsar (kebaikan yang banyak).

(Q.S. Al-Kausar [108]: 1)

Maka Rasulullah ﷺ bersabda:

Al-Kautsar adalah sebuah sungai di dalam surga yang kedua tepinya emas, (airnya) mengalir di atas mutiara dan yaqut.

Ibnu Jarir mengatakan, telah menceritakan kepadaku Ibnul Burqi, telah menceritakan kepada kami Ibnu Maiyam, telah menceritakan kepada kami Muhammad ibnu Ja'far ibnu Abu Kasir, telah menceritakan kepadaku Haram ibnu USman, dari Abdur Rahman Al-A'raj, dari Usamah ibnu Zaid, bahwa Rasulullah ﷺ di suatu hari berkunjung ke rumah Hamzah ibnu Abdul Muttalib, dan ternyata beliau tidak menjumpainya, lalu beliau menanyakannya kepada istrinya yang berasal dari Bani Najjar.

Istri Hamzah menjawab, "Hai Nabi Allah, dia baru saja keluar menuju ke rumahmu, kalau begitu barangkali dia sesat jalan di sebagian lorong-lorong Bani Najjar.

Tidakkah engkau masuk lebih dahulu, wahai Rasulullah?"

Maka Rasulullah ﷺ masuk, dan istri Hamzah menyuguhkan kepadanya makanan hais (makanan yang terbuat dari buah kurma, minyak samin, dan tepung sawiq), maka Nabi ﷺ memakan sebagian darinya.

Dan istri Hamzah bertanya, "Wahai Rasulullah, kuucapkan selamat kepada engkau, sebenarnya aku ingin datang kepadamu untuk mengucapkan selamat, karena Abu Imarah pernah menceritakan kepadaku bahwa engkau telah diberi sebuah sungai di dalam surga yang dikenal dengan nama Al-Kautsar." Nabi ﷺ menjawab:

Benar, dan luasnya yakni tanahnya adalah yaqut, marjan, zabarjad, dan mutiara.

Haram ibnu Usman adalah orang yang berpredikat daif, tetapi konteks hadis ini hasan, dan asal hadis ini berpredikat sahih, bahkan dapat dibilang mutawatir yang diriwayatkan melalui berbagai jalur hingga memberikan pengertian kepastian di kalangan para imam ahli hadis, demikian pula hadis-hadis yang menceritakan tentang telaga (Kautsar).

Hal yang sama telah diriwayatkan dari Anas, Abul Aliyah dan Mujahid serta bukan hanya seorang dari kalangan ulama Salaf.

bahwa Al-Kautsar adalah nama sebuah sungai di dalam surga.

Ata mengatakan bahwa Al-Kautsar yaitu nama sebuah telaga di dalam surga.

B. Tafsir Surat Al-Kautsar (108) Ayat 2

Firman Allah subhanahu wa ta'ala:

Maka dirikanlah salat karena Tuhanmu dan berkorbanlah.

(Q.S. Al-Kausar [108]: 2)

Yakni sebagaimana Kami telah memberimu kebaikan yang banyak di duni adan akhirat, antara lain ialah sebuah sungai yang sifat-sifatnya telah disebutkan di atas; maka kerjakanlah salat fardu dan salat sunatmu dengan ikhlas karena Allah dan juga dalam semua gerakmu.

Sembahlah Dia semata, tiada sekutu bagi-Nya; dan sembelihlah korbanmu dengan menyebut nama-Nya semata, tiada sekutu bagi-Nya.

Hal yang senada disebutkan di dalam ayat lain melalui firman-Nya:

Katakanlah, "Sesungguhnya salatku, ibadahku.

hidupku, dan matiku hanyalah untuk Allah, Tuhan semesta alam, tiada sekutu bagi-Nya; dan demikian itulah diperintahkan kepadaku, dan aku adalah orang yang pertama-tama menyerahkan diri (kepada Allah)." (Q.S. Al-An'am [6]: 162-163)

Ibnu Abbas, Ata, Mujahid, Ikrimah, dan Al-Hasan telah mengatakan bahwa yang dimaksud dengan wanhar ialah menyembelih unta dan ternak lainnya sebagai korban.

Hal yang semisal telah dikatakan oleh Qatadah, Muhammad ibnu Ka'b Al-Qurazi, Ad-Dahhak, Ar-Rabi', Ata Al-Khurrasani, Al-Hakam, Sa'id ibnu Abu Khalid, dan lain-lainnya yang bukan hanya seorang dari kalangan ulama Salaf.

Hal ini berbeda keadaannya dengan apa yang dilakukan oleh orang-orang menyebut nama-Nya, Allah subhanahu wa ta'ala telah berfirman:

Dan janganlah kamu memakan binatang-binatang yang tidak disebut nama Allah ketika menyembelihnya.

Sesungguhnya perbuatan yang semacam itu adalah suatu kefasikan.

(Q.S. Al-An'am [6]: 121), sampai akhir ayat.

Menurut pendapat lain, yang dimaksud dengan wanhar ialah meletakkan tangan kanan di atas tangan kiri di bawah tenggorokan.

Hal ini diriwayatkan dari Ali, tetapi sanadnya tidak sahih.

Dan hal yang semisal telah diriwayatkan dari Abu Ja'far Al-Baqir.

Pendapat yang lainnya mengatakan bahwa wanhar artinya mengangkat kedua tangan di saat membuka salat.

Dan menurut pendapat yang lainnya lagi, wanhar artinya hadapkanlah lehermu ke arah kiblat.

Ketiga pendapat ini disebutkan oleh Ibnu Jarir.

Ibnu Abu Hatim sehubungan dengan hal ini telah meriwayatkan sebuah hadis yang mungkar.

Untuk itu ia mengatakan:

telah menceritakan kepada kami Wahb ibnu Ibrahim Al-Qadi pada tahun dua ratus lima puluh lima Hijriah, telah menceritakan kepada kami Israil ibnu Hatim Al-Marwazi, telah menceritakan kepada kami Muqatil ibnu Hayyan, dari Al-Asbagh ibnu Nabtah, dari Ali ibnu Abu Talib yang mengatakan bahwa ketika diturunkan kepada Nabi ﷺ surat ini, yaitu: Sesungguhnya Kami telah memberikan kepadamu nikmat yang banyak Maka dirikanlah salat karena Tuhanmu dan berkorbanlah.

(Q.S. Al-Kausar [108]: 1-2) Maka Rasulullah ﷺ bertanya, "Hai Jibril, apakah yang dimaksud dengan nahirah yang diperintahkan kepadaku oleh Tuhanku agar aku melakukannya?"

Jibril menjawab, "Bukan nahirah, tetapi Dia memerintahkan kepadamu apabila berihram untuk salat, angkatlah kedua tanganmu saat mengucapkan takbir, dan saat engkau rukuk, dan saat engkau angkat kepalamu dari rukuk, dan apabila engkau akan sujud.

Karena sesungguhnya itulah salat kita dan salat para malaikat yang ada di tujuh langit. Sesungguhnya tiap-tiap sesuatu itu mempunyai perhiasan, dan perhiasan salat ialah mengangkat kedua tangan di saat takbir."

Hal yang sama telah diriwayatkan oleh Imam Hakim di dalam kitab Mustadrak-nya melalui hadis Israil ibnu Hatim dengan sanad yang sama.

Telah diriwayatkan dari Ata Al-Khurrasani sehubungan dengan makna firman-Nya, "wanhar" artinya angkatlah tulang punggungmu sesudah rukuk dan tegakkanlah ia serta tampakkanlah tenggorokanmu.

Makna yang dimaksud ialah i'tidal.

Demikianlah menurut apa yang diriwayatkan oleh Ibnu Abu Hatim; semua pendapat ini berpredikat garib sekali.

Pendapat yang sahih adalah yang pertama, yaitu yang mengatakan, bahwa makna yang dimaksud dengan nahr ialah menyembelih hewan kurban.

Karena itulah maka Rasulullah ﷺ seusai salat Idul Adha segera menyembelih kurbannya, lalu bersabda:

Barang siapa yang salat seperti salat kami dan menyembelih kurban seperti kami menyembelih kurban, maka sesungguhnya dia telah menunaikan kurbannya.

Dan barang siapa yang menyembelih kurban sebelum salat (hari raya) maka tiada kurban baginya.

Maka Abu Burdah Nayyar bertanya, "Wahai Rasulullah, sesungguhnya aku telah menyembelih kambingku sebelum salat, dan aku mengetahui bahwa hari ini adalah hari yang semua orang menyukai daging padanya" Rasulullah ﷺ menjawab: Kambingmu itu adalah daging kambing biasa (bukan kurban).

Abu Burdah berkata, "Wahai Rasulullah, sesungguhnya aku mempunyai seekor anak kambing kacang yang lebih aku sukai daripada dua ekor kambing biasa, apakah itu cukup untuk kurbanku?"

Rasulullah ﷺ menjawab: Cukup untukmu, tetapi tidak cukup untuk orang lain sesudahmu.

Abu Ja'far ibnu Jarir mengatakan bahwa pendapat yang benar adalah pendapat yang mengatakan bahwa makna yang dimaksud dari ayat ialah jadikanlah salatmu semuanya tulus ikhlas hanya untuk Tuhanmu, bukan untuk berhala atau sembahan selain-Nya.

Demikian pula kurbanmu, jadikanlah hanya untuk Dia, bukan untuk berhala-berhala.

sebagai ungkapan rasa syukurmu terhadap-Nya atas kemuliaan dan kebaikan tiada taranya yang dikhususkan-Nya buatmu sebagai anugerah dari-Nya.

Pendapat yang dikemukakan oieh orang yang mengatakan ini amatlah baik.

Dan pendapat ini telah dikatakan sebelumnya oleh Muhammad ibnu Ka'b Al-Qurazi dan Ata dengan ungkapan yang semakna.

C. Tafsir Surat Al-Kautsar (108) Ayat 3

Firman Allah subhanahu wa ta'ala:

Sesungguhnya orang-orang yang membenci kamu, dialah yang terputus.

(Q.S. Al-Kausar [108]: 3)

Yakni sesungguhnya orang yang membencimu, hai Muhammad, dan benci kepada petunjuk, kebenaran, bukti yang jelas, dan cahaya terang yang kamu sampaikan; dialah yang terputus lagi terhina, direndahkan dan terputus sebutannya.

Ibnu Abbas, Mujahid, Sa'id ibnu Jubair, dan Qatadah mengatakan bahwa ayat ini diturunkan berkenaan dengan Al-As ibnu Wa-il.

Muhammad ibnu Ishaq telah meriwayatkan dari yazid ibnu Ruman yang mengatakan bahwa dahulu Al-As ibnu Wa-il apabila disebutkan nama Rasulullah ﷺ, ia mengatakan, "Biarkanlah dia, karena sesungguhnya dia adalah seorang lelaki yang terputus, tidak mempunyai keturunan.

Apabila dia mati, maka terputuslah sebutannya." Maka Allah menurunkan surat ini.

Syamir ibnu Atiyyah mengatakan bahwa surat ini diturunkan berkenaan dengan Uqbah ibnu Abu Mu'it.

Ibnu Abbas mengatakan pula, dan juga ikrimah, bahwa surat ini diturunkan berkenaan dengan Ka'b ibnul Asyraf dan sejumlah orang-orang kafir Quraisy.

Al-Bazzar mengatakan, telah menceritakan kepada kami Ziyad ibnu Yahya Al-Hassani, telah menceritakan kepada kami Ibnu Abu Addi, dari Daud, dari Ikrimah, dari Ibnu Abbas yang mengatakan bahwa Ka'b ibnul Asyraf datang ke Mekah, maka orang-orang Quraisy berkata kepadanya, "Engkau adalah pemimpin mereka.

Tidakkah engkau melihat kepada lelaki yang terusir lagi terputus dari kaumnya itu (maksudnyaNabi ﷺ)?

Dia mengira bahwa dirinya lebih baik daripada kami, padahal kami adalah ahli (pelayan) jemaah haji, ahli sadanah (pelayan Ka'bah) dan ahli Siqayah (pelayan minuman air zamzam)," Maka Ka'b Ibnul Asyraf berkata, "Kalian lebih baik daripadanya." Maka turunlah firman Allah subhanahu wa ta'ala: Sesungguhnya orang-orang yang membenci kamu, dialah yang terputus.

(Q.S. Al-Kausar [108]: 3)

Hal yang sama diriwayatkan oleh Al-Bazzar, dan hadis ini sahih sanadnya.

Diriwayatkan pula dari Ata, bahwa surat ini diturunkan berkenaan dengan Abu Lahab.

Demikian itu terjadi ketika putra Rasulullah ﷺ meninggal dunia, maka Abu Lahab pergi menemui orang-orang musyrik dan berkata kepada mereka, "Tadi malam Muhammad terputus (keturunannya)." Maka Allah subhanahu wa ta'ala menurunkan firman-Nya sehubungan dengan peristiwa tersebut:

Sesungguhnya orang-orang yang membenci kamu, dialah yang terputus (Q.S. Al-Kausar [108]: 3)

Dan diriwayatkan dari Ibnu Abbas bahwa ayat ini diturunkan berkenaan dengan Abu Jahal.

Diriwayatkan pula dari Ibnu Abbas, bahwa makna: sesungguhnya orang-orang yang membencimu.

(Q.S. Al-Kausar [108]: 3) Yakni musuhmu.

Pendapat ini lebih mencakup dan meliputi semua orang yang bersifat dan berkarakter demikian, baik dari kalangan mereka yang telah disebutkan di atas maupun yang lainnya.

ikrimah mengatakan bahwa al-abtar artinya sebatang kara.

As-Saddi mengatakan bahwa dahulu mereka apabila meninggal dunia keturunannya laki-laki mereka, maka mereka mengatakannya abtar (terputus keturunannya).

Dan ketika putra-putra Nabi ﷺ semuanya meninggal dunia, maka mereka mengatakan, "Muhammad telah terputus." Maka Allah subhanahu wa ta'ala menurunkan firman-Nya: Sesungguhnya orang-orang yang membenci kamu, dialah yang terputus.

(Q.S. Al-Kausar [108]: 3)

Pendapat ini senada dengan apa yang telah kami sebutkan di atas yang mengatakan bahwa abtar ialah orang yang tidak mempunyai keturunan laki-laki.

Maka orang-orang kafir Quraisy itu mengira bahwa seseorang itu apabila anak-anak lelakinya mati, maka terputuslah sebutannya.

Padalah tidaklah demikianlah kenyataannya, bahkan sebenarnya Allah mengekalkan sebutan Nabi ﷺ di hadapan para saksi dan mewajibkan syariat yang dibawanya di atas pundak hamba-hamba-Nya, yang akan terus berlangsung selamanya sampai hari mereka dihimpunkan untuk mendapat pembalasan.

Semoga salawat dan salam-Nya terlimpah-kan kepadanya selama-lamanya sampai hari kiamat.

Terjemahan Surat 108 Al-Kausar (Nikmat Yang Berlimpah)

The River of Paradise

Versi Bahasa Inggris

In the Name of Allah, the Most Beneficent, the Most Merciful.

1. *Verily, We have granted you (O Muhammad (ﷺ)) Al-Kauthar (a river in Paradise);*

2. *Therefore turn in prayer to your Lord and sacrifice (to Him only).*

3. *For he who makes you angry (O Muhammad (ﷺ)), - he will be cut off (from every good thing in this world and in the Hereafter).*

Makna Surat 108 Al-Kausar (Nikmat Yang Berlimpah)

The River of Paradise

Versi Bahasa Inggris

This surah (chapter) exclusively concerns Prophet Muhammad SAW, may the mercy and blessings of God be upon him, seeking to cheer him up and assure him of happier prospects in his struggle. It represents a glimpse of his life and the course of his mission in the early period at Mecca. In it God threatens his enemies with destruction while directing the Prophet to the path of thanksgiving. It deals with the plots and insults directed against him and the divine message he conveys. The chapter is an example of God's protection of His servant, Prophet Muhammad, and the few who followed him and believed in God.

Background

Among the people of the Quraysh, the Arab tribe which controlled Mecca, there were some folks who viewed the Prophet and his mission with a degree of antagonism. They would resort to taunts against him to deter the people from listening to the divine message which he was trying to convey. They said about the Prophet that he was a man with no posterity, referring to the death of his sons. One of them once remarked, "Do not be bothered with him; he will die without descendants and that will be the end of his mission."

Such taunts had a wide impact on the Arab society of the time which set great premium on sons. Such teasing delighted the Prophet's enemies and undoubtedly was a source of sadness and irritation to his heart. This chapter was therefore revealed to comfort the Prophet and assure him of the abiding and profuse goodness which God had chosen for him and of the deprivation and loss awaiting his persecutors.

Verse 1 God's blessings on Prophet Muhammad

The word used in the chapter and rendered as 'abundance' is derived from the stem word which signifies 'a multitude'. It indicates the opposite meaning to the one the impudent Quraysh tried to attach to the Prophet. We have given you that which is plentiful, overflowing and rich, unstinting and unending.

Verse 2 Commanding the Prophet to be sincere in worshipping God and offering sacrifice to Him alone

Having assured the Prophet of this munificent gift, which disproves what the calumniators and wicked schemers say, God directs the Prophet to be completely and sincerely thankful to Him for His bounty. He is to devote himself to Him alone in worship and ritual slaughter, taking no heed whatsoever of any form of idolatry and refusing to participate in the worship rituals offered by idolaters, especially when they invoke anyone other than God in their offerings.

Islam frequently lays emphasis on the pronouncing of God's name when slaughtering animals. It prohibits anything that is consecrated to any other being, which indicates the importance Islam attaches to the purification of human life from all forms of idolatry and all that leads to it. Because it is based on the principle of God's oneness in its purest sense, Islam does not aim merely at purifying human imagination and conscience. It pursues idolatry in all its manifestations, striving to eliminate its marks in man's consciousness, worship rituals and general behavior.

Life, Islam says, is one indivisible entity and must be treated as such. It must be cleansed inside out and completely oriented towards God, in all its aspects: worship, tradition and social behavior.

Verse 3 God defends His Prophet

In the first verse, God specified that Muhammad was not the one who had no posterity but, on the contrary, was the one endowed with abundance. In this verse, God throws back the taunt on those who hated and reviled the Prophet. Indeed, God's promise has come true, for the influence and legacy of Muhammad's enemies were short-lived, while his impact on human life and history has grown and deepened. Today we are witnessing the truth of this divine pronouncement as clearly as no one among those addressed by the Quran for the first time ever did or imagined.

Faith and goodness cannot be barren. Their influence is both profound and deep-rooted. By contrast, falsehood, error and evil may grow and spread quickly, but they ultimately come to nothing.

God's criteria are different from the criteria laid down by man. Men are often deceived when they vainly believe their sense of judgement to be the criterion. Before us is the eloquent and enduring example of the Prophet. Of what value or interest to humanity have Muhammad's slanderers and foes been to anyone?

On the other hand, calling others to the religion of God, to truth and goodness, can never be called futile. Neither can the righteous and the true be called deprived or cut off. How can it be, when this message itself comes from, and is supported by, God, the Immortal, the Eternal? But deprived and sterile indeed are disbelief, error and evil as are their votaries, however strong and widespread they may appear to be at any moment.

God affirms the truth; wily opponents are but liars!

Daftar Pustaka

Encyclopaedia of the Qur'an. Jane Dammen McAuliffe et al. (eds.) (First ed.). Brill Academic Publishers. 2001–2006. ISBN 978-90-04-11465-4.

Nasr, Seyyed Hossein (2007). "Qurʾān". Encyclopædia Britannica Online.

Hixon, Lex (2003). The heart of the Qur'an: an introduction to Islamic spirituality (2. ed.). Quest. ISBN 978-0835608220.

Rahman, Fazlur (2009) [1989]. Major Themes of the Qur'an (Second ed.). University of Chicago Press. ISBN 978-0-226-70286-5.

Kugle, Scott Alan (2006). Rebel Between Spirit And Law: Ahmad Zarruq, Sainthood, And Authority in Islam. Indiana University Press. ISBN 978-0-253-34711-4.

Tabatabae, Sayyid Mohammad Hosayn (1988). The Qur'an in Islam: Its Impact and Influence on the Life of Muslims. Routledge. ISBN 978-0-7103-0266-3.

Lightning Source UK Ltd.
Milton Keynes UK
UKHW020616211019
351998UK00012B/837/P